Nicole Schwäblein

Biokraftstoffe. Bedeutung im Umweltschutz und soziale Herausforderungen

GRIN Verlag

Bibliografische Information der Deutschen Nationalbibliothek:

Die Deutsche Bibliothek verzeichnet diese Publikation in der Deutschen National-
bibliografie; detaillierte bibliografische Daten sind im Internet über http://dnb.d-
nb.de/ abrufbar.

Impressum:

Copyright © 2013 GRIN Verlag GmbH
Druck und Bindung: Books on Demand GmbH, Norderstedt Germany
ISBN: 978-3-656-47406-7

Dieses Buch bei GRIN:

http://www.grin.com/de/e-book/230929/biokraftstoffe-bedeutung-im-umweltschutz-
und-soziale-herausforderungen

Einführung

Die Entdeckung fossiler Treibstoffe und ihrer Bedeutung in der Energiegewinnung war ein Katalysator der Weiterentwicklung in der Menschheitsgeschichte. Die Erkenntnis, Erdöl und Erdgas als Energielieferanten einzusetzen, war ein richtungsweisender Anstoß der industriellen Revolution. Während der Industrialisierung gab es unzählige Erfindungen, deren Weiterentwicklungen das Leben heute stark vereinfachen und den modernen Lebensstil ermöglichen. Doch mit den technischen Errungenschaften stellten sich neue Probleme ein. Die unlimitierte Nutzung nicht erneuerbarer Ressourcen schlägt sich heute in Klimakatastrophen, Umweltschäden und sogar in den Gesundheitsproblemen vieler Menschen nieder; die Rohstoffe werden knapper. Der Großteil der Wissenschaftler ist sich einig, dass die aktuell stattfindende globale Erwärmung und deren zukünftige Folgen auf den übermäßigen CO_2- Ausstoß des Menschen durch Maschinen und Gerätschaften, Fabriken und energieintensive Lebensweisen zurückzuführen ist. Um dem entgegenzuwirken, ohne auf die technischen Errungenschaften zu verzichten, ist es heute notwendig, CO_2– neutrale Energiequellen zu erschließen und sie statt der konventionellen Methoden einzusetzen. Ein Aspekt hierbei ist der Verkehr, der neben Industrieabgasen derzeit zu den größten CO2- Ausstoßern zählt. Dieses Essay beschäftigt sich mit sogenannten Biotreibstoffen und soll zeigen, dass sie keine langfristige Lösung aktueller Energieproblematiken darstellen.

In der Vergangenheit war das Vorhandensein von Erdöl und Erdgas eine Selbstverständlichkeit. So war es nicht unüblich, große Mengen zu verbrauchen, ohne die Folgen zu bedenken. Als jedoch klar wurde, welche Konsequenzen aus dem ungezügelten Verbrauch erwachsen würden, musste man Alternativen finden. Der technische Fortschritt zum Thema Umweltschutz ging zunächst in die Richtung, Erdöl nicht zu ersetzen, sondern seinen Verbrauch zu beschränken. Es wurden kraftstoffsparende Automobile und Maschinen entwickelt, die Mineralölsteuer sollte die Nutzung zusätzlich regulieren. Nach einiger Zeit war man hier jedoch an die Grenzen des Machbaren gekommen.

Formen des Biokraftstoffs

Schon 1937 meldete G. Chavanne ein Patent zur Umesterung von Pflanzenöl mit Ethanol an und erkannte die Verbesserung der Motoreigenschaften durch die Anwendung des pflanzlichen Treibstoffs.[1]

Doch erst in den 90er Jahren, knapp 60 Jahre später, gewann seine Entdeckung an Bedeutung. Nachdem den Menschen bewusst wurde, dass fossile Brennstoffe keine ewigen Quellen darstellten, begannen sie, Mineralöl nicht mehr nur einzusparen, sondern zu ersetzen. Seither gibt es eine Vielzahl biologischer Energiestoffe, die sich nach Anwendung, Herstellungsweise und Nutzleistung unterscheiden. Mittlerweile gibt es gar eine überaus große Facette an Biokraftstoffen. Pflanzenöl-Kraftstoff aus gepressten Pflanzen ist eine der ersten angebotenen Lösungen, jedoch unterscheidet er sich in seiner chemischen Beschaffenheit vom konventionellen Diesel, weswegen Fahrzeugmotoren speziell angepasst werden müssen; er ist zudem sehr teuer in der Herstellung, was ihn insgesamt sehr preisintensiv macht.[2] Biodiesel hingegen wurde an Dieselkraftstoff angepasst und kann somit auch ohne die Umrüstung von Motoren eingesetzt werden, jedoch kann es bisher nicht pur angewendet werden und gilt als Substitution zu herkömmlichem Diesel[3]. Bioethanol wird aus alkoholischer Vergärung biogener Rohstoffe mit einem hohen Zuckeranteil, wie etwa Zuckerrohr, Zuckerrüben, Kartoffeln oder Mais, hergestellt und ersetzt Benzin zu großen Teilen. Er wird dem Benzin beigemischt, sein Anteil ergibt sich aus der Bezeichnung E5 mit 5% Bioethanol und E10 mit 10% Bioethanol.[4] Biomethan wird durch die Entfernung unbenötigter Bestandteile von Biogas, das aus der Gärung von Gülle und Energiepflanzen entsteht, hergestellt; es wird Erdgas oder Benzin beigemischt, erfordert jedoch ebenfalls eine Umrüstung des Motors. Neben den bisher genannten gibt es noch andere Biokraftstoffe, die jedoch bisher nicht genutzt oder nicht wirtschaftlich hergestellt werden können. Schaut man sich die Bestandteile und Verwendungsweisen sogenannten Biosprits also an, fällt auf, dass er gar nicht „bio" im eigentlichen Sinne ist: er besteht zwar zu mitunter großen Teilen aus pflanzlichen Stoffen, aber doch nicht ausschließlich. Man könnte dies bemängeln, doch Erdöl und Erdgas zu Teilen zu ersetzen ist doch besser, als ihn gar nicht zu ersetzen. Und die Forschung ist noch lange nicht am Ende angelangt. Noch immer wird geforscht, wie man bestehende Mängel beseitigen oder aus welchen natürlichen Ressourcen ebenfalls Biokraftstoff gewonnen werden kann. Algen etwa könnten eine Lösung

---

[1]Dr. Lohse, Michael: Vor 70 Jahren wurde die Herstellung von Biodiesel patentiert, in: http://www.lifepr.de/pressemitteilung/ufop-union-zur-foerderung-von-oel-und-proteinpflanzen-ev/70-Jahre-Biodiesel/boxid/14613, Union zur Förderung von Öl- und Proteinpflanzen. Zugriff am 28.01.2013.
[2] Geitman, S.:Erneuerbare Energien & Alternative Kraftstoffe, Mit neuer Energie in die Zukunft, 2. Auflage, Kremmen, 2005, S. 65.
[3]Munack, Axel; Krahl, Jürgen; Schröder, Olaf; Bünger, Jürgen: Potentials of Biofuel, S.3, in: Proceedings of the XVIIth World Congress of CIGR "Sustainable Development through Engineering, Québec 2010.
[4]Meyers Lexikonverlag: Ethanol, 2007, o.O.

anbieten. Es ist erstaunlich, wie vielseitig einsetzbar Algen sind, auch heute schon. Doch einen Kraftstoff aus ihnen zu produzieren und damit den Energiedurst der Menschen zu stillen dürfte in der Ferne liegen, denn das bedarf technischer Verfahren und Errungenschaften, die noch entwickelt werden müssen.

Vorteile und Chancen

Die Vorteile der Biokraftstoffe sind dennoch vielversprechend. Bei der Verbrennung wird etwa nur so viel CO_2 ausgestoßen, wie die Pflanzen einst aus der Umwelt aufgenommen haben, was die Bilanz neutral macht. Zudem sind die Energiepflanzen ständig nachwachsend und so im Gegensatz zu den fossilen Stoffen nicht begrenzt. Überdies ist Biokraftstoff schwefelarm; bei der Verbrennung im Motor entstehen keine Sulfate und Schwefeldioxide, die die Ozonschicht angreifen. Auch gesellschaftlich sind die alternativen Quellen bedeutsam. Einerseits versprechen sie Unabhängigkeit von mineralölfördernden Staaten. Da gerade um Erdölquellen oft heftige Streitigkeiten, gar Kriege geführt werden, könnte die Unabhängigkeit die weltpolitische Lage angesichts der entfallenden Konkurrenz um Ölbohrfelder drastisch verbessern; andererseits wären damit aber gerade die Staaten um ihre Finanzierung gebracht, die neben dem Erdölvertrieb keine sonstigen Einnahmen haben. Für die in Europa heimische Landwirtschaft könnte der Anbau von Pflanzen für Biokraftstoffe jedoch Stabilität und Sicherheit darstellen, da die Anbauflächen auch in ihren Regenerationsphasen genutzt werden können, in denen sie sonst brach lägen. Es bestünde dennoch ein zusätzliches Gefälle zwischen wohlhabenden und armen Staaten.

Kritikpunkte

Trotz der positiven Argumente gibt es viele Kritiker. So sei die Umweltbilanz keinesfalls neutral. Schon der Anbau der Energiepflanzen ist mit großen Problemen behaftet, da bereits hier in der Regel Strom eingesetzt werden muss, wie auch bei der chemischen Verarbeitung und in den Ölmühlen. Es werden große Mengen Dünger und Pflanzenschutzmittel benötigt, die an sich wieder umweltgefährdend sind, sowohl mikro- als auch makroökologisch. Dabei scheint es paradox, dass die Energiepflanzen für Biosprit nicht biologisch angebaut werden, sondern konventionell. Übersetzt heißt das: man versucht, konventionellen Treibstoff zu ersetzen, indem man konventionelle Methoden einsetzt. Baut man jedoch ökologisch korrekt an, ist es möglich, dass der große Bedarf dieser Pflanzen nicht gedeckt werden kann. Raps, der in Deutschland am häufigsten angebaut wird, stößt außerdem bei der Verbrennung mehr Stickstoff aus, dadurch entstehen

4

Distickstoffoxid und Kohlenwasserstoff, die ähnlich schädlich wie CO_2 sind. Generell sind auch Monokulturen fragwürdig, da die Böden stark beansprucht und wichtige Mineralien entzogen werden und sie somit im Prinzip nicht als Zwischenlösung in Regenerationsphasen geeignet sind. Außerdem wird zur Umesterung Methanol verwendet, das aus Erdgas gewonnen wird, womit fossile Treibstoffe nicht vollständig außen vor bleiben.

Technisch stellt Biokraftstoff die Automobilhersteller vor neue Herausforderungen. Bisher sind häufigere Wechsel von Filtern und Motoröl nötig und nicht alle Fahrzeugtypen sind für den Betrieb mit Biotreibstoffen zugelassen, was Neuanschaffungen oder Umrüstungen älterer Fahrzeuge nötig macht. Dies wiederum ist oft teuer, was die Bereitschaft der Bevölkerung zum Umstieg gering hält. Der Kraftstoffbedarf kann durch biologische Kraftstoffe aber ohnehin nur zu einem kleinen Teil gedeckt werden; der ADAC schätzt den Anteil auf gerade einmal 6,7% des Gesamtbedarfs[5]. Die Flächen, auf denen Energiepflanzen angebaut werden könnten, sind schlicht zu wenige. Das kann zwar durch eine Effizienzsteigerung bei der Umwandlung der Pflanzen in Treibstoff verbessert werden, doch die Anbauflächen sind auch dann noch begrenzt.

Flächenkonkurrenz und Waldrodung

Vor allem die global limitierte Fläche ist in der Diskussion um Biotreibstoffe ein großer Konfliktpunkt. Da, wo Flächenkonkurrenz zwischen Nahrungs- und Energiepflanzen besteht, muss die Gesellschaft Priotitäten setzen. Und genau hier finden wir ein Dilemma: Entscheiden wir uns für den Umweltschutz durch Ressourcenschonung, fördern wir den Hunger, was unethisch ist. Fällt die Entscheidung für die Hungerbekämpfung durch Lebensmittelanbau und verbrauchen wir daher weiterhin große Mengen nicht erneuerbarer Energien, so ist auch das unmoralisch, da wir uns zwar in der Gegenwart absichern, doch unsere Probleme lediglich in die Zukunft verlagern. Wie wir uns auch entscheiden, es scheint beides nicht richtig zu sein. Solange wir zu einer Entscheidung gezwungen sind, denke ich daher, dass der Bio-Sprit aus Raps und anderen Pflanzen nicht lange zukunftsfähig sein wird. Schließlich ist der Mensch sich selbst am nächsten: da, wo er sich zwischen dem unmittelbaren Leid anderer Menschen oder zukünftigen Umweltproblemen entscheiden muss, wählt er den Vorteil des Menschen. Umweltproblemlösungen haben de facto immer den Anspruch, auch dem Menschen zugute zu kommen, statt ihm zu schaden oder zu begrenzen.

5

[5]Biodiesel- die aktuelle Situation, in: http://www.adac.de/infotestrat/tanken-kraftstoffe-und-antrieb/alternative-kraftstoffe/biodiesel. Zugriff am 28.01.2013.

Es ist möglich, die Flächenkonkurrenz durch die Nutzung der Nebenprodukte der Pflanzenölproduktion und durch Beschränkungen im Anbau von Energiepflanzen einzudämmen. Doch neuere Faktoren des modernen Lebens wirken hier entgegen. So führt etwa der Klimawandel zu sich ausdehnenden Desertifizierungen; Stürme und Dürren begünstigen häufigere Ernteausfälle. Auch der Aufstieg einiger Schwellenländer ist bedeutsam. So macht steigender Fleischkonsum in den Mittelschichten einen vermehrten Futtermittelanbau nötig, was noch mehr zu Platznot führt. Durch den Biospritanbau könnten ohnehin prekäre Verhältnisse noch dramatisiert werden.

Um ihre Flächen zu erweitern sind einige Bauern bereits dazu übergegangen, Wälder zu roden, was den Bio-Aspekt völlig absurd macht, ihn sogar aufhebt. Wissenschaftler warnen sogar davor, dass Biotreibstoffe, für die tropische Wälder gerodet werden, schädlicher sind als herkömmliche Energiequellen.[6] Es gibt zwar eine Regelung, die verbietet, Wälder für den Energiepflanzenanbau zu roden, doch das kann einfach umgangen werden, indem Energiepflanzen auf bestehende Felder gepflanzt und Wälder für andere Pflanzen gerodet werden. Hier besteht also dringender Bedarf seitens der Politik. Aber auch die Wirtschaft sollte eingreifen, denn Energiepflanzen stellen eine gute Einnahmequelle für die in Armut lebenden Bauern dar, treibt damit aber den Hunger an, da die Betroffenen lieber sogenannte Cash Crops anbauen statt Nahrungsmittel. Dadurch können zwar Arbeitsplätze geschaffen und der Status einiger angehoben werden, doch für die Gesamtbevölkerung der jeweiligen Länder stellen diese Pflanzen eine Gefahr dar. Dort, wo nicht genügend Lebensmittel angebaut werden, müssen sie importiert werden, was zum einen teuer ist und die Nahrungsmittelpreise steigen lässt, zum anderen Energie verbrauchende Transporte nötig macht, wodurch die Ökobilanz im Ganzen wieder negativ ausfällt.

Fazit

Es ist schwierig, sich eine eigene Meinung über Biokraftstoffe zu bilden, denn je nach Standpunkt der Informationsquelle werden die Argumente der Gegenseite zu Vor- und Nachteilen verneint oder widerlegt, oft widersprechen sich Wissenschaftler gar. Selbst wissenschaftliche Institute sind sich nicht einig über die Richtigkeit vieler Gesichtspunkte. Ich persönlich denke jedoch, dass Biospit sowohl eine Chance als auch eine Gefahr darstellt. Er sollte durchaus genutzt werden, selbst wenn er fossile Treibstoffe nur teilweise ersetzen kann. Eine Veränderung ist dringend notwenig, denn das Erdöl wird knapp und die globalen Umweltprobleme werden ernster. Erdöl ist im Prinzip viel zu kostbar, um im Verkehr eingesetzt zu werden. Und dort wird es in solchen Mengen eingesetzt, dass

---

[6] Reinhardt, G., Rettenmaier, N., Gärnter, S., Pastowski, A.: Regenwald für Biodiesel? Ökologische Auswirkungen der energetischen Nutzung von Palmöl. Frankfurt a. M.: WWF Deutschland, 2007, S.37.

es laut wissenschaftlichen Studien schon in 30 bis 50 Jahren aufgebraucht sein könnte. Auch wenn diese Prophezeihungen immer wieder korrigiert und bestritten werden, so ist es doch trotzdem Fakt, dass das Erdölvorkommen früher oder später versiegt sein wird. Insofern ist es richtig und wichtig, es zu ersetzen, wo es nur möglich ist. Ich bin zuversichtlich, dass die Technik neue Errungenschaften hervorbringen wird, die den Gebrauch von reinem Biokraftstoff ermöglichen werden, damit begrenzte Ressourcen völlig aus den Tanks verschwinden.

Die Problematik der Flächenkonkurrenz und die damit einhergehenden gesellschaftlichen Themen bedürfen jedoch großer Verantwortung und Sorgfalt. Sobald Regenwald für Ölpflanzenplantagen abgeholzt wird, Menschen für den Anbau ausgebeutet werden, Nahrungsmittelanbau verknappt und der Hunger vergrößert wird, stellen Biokraftstoffe niemals eine gute Alternative dar. Firmen, die ohne Rücksicht auf Menschen und Umwelt Kapital aus Biokraftstoffen schlagen wollen, müssen klare Konsequenzen erfahren, gleichzeitig sollte man ihnen neue Möglichkeiten eröffnen, um Differenzen und ungewollte Handlungsweisen zu verhindern. Es ist jedoch schwierig, all diese Aspekte zu kontrollieren und es erfordert viel Kraft und Geduld, sie umzusetzen. Vielleicht wäre es deshalb besser, nach anderen Alternativen zu suchen.

Die Menschen sollten ihren Kraftstoffverbrauch schon von sich aus reduzieren, doch das zu verlangen, scheint aus derzeitiger Sicht utopisch. Große Teile der Bevölkerung sind auf ihre Automobile angewiesen. Sehr oft ist ein Auto sogar eine Voraussetzung für eine Arbeitsstelle, in Bewerbungen wird meist nach dem Vorhandensein eines PKWs gefragt. Öffentliche Verkehrsmittel sind häufig nur in größeren Städten mit spezielleren Arbeitszeiten vereinbar, nicht immer sind alle Orte überhaupt zu erreichen, manche nur sporadisch. Das Gefühl, auf Andere angewiesen zu sein, behagt zudem vielen Menschen nicht. Außerdem gehören Autos zu den Statussymbolen. Je größer ein Auto, desto mehr Wohlstand symbolisiert es, doch oft ist der Treibstoffverbrauch enorm. Während der rekordhohen Benzinpreise wurde deutlich, dass die Menschen nicht einmal dann auf ihre Wagen verzichten wollen oder können, wenn sie sich in anderen Bereichen stark einschränken müssen. Es wurden zwar beispielsweise Fahrgemeinschaften gebildet, um wenigstens ein wenig sparen zu können, doch ganz verzichten konnten die allerwenigsten. Die Menschen werden sicher niemals von sich aus aufhören, weiterhin Diesel und Benzin zu verbrauchen, solange sie vorhanden sind. Es müssen ihnen attraktive Alternativen gezeigt werden.

Ich sehe großes Potenzial in Elektrofahrzeugen. Bisher scheinen sie noch nicht ganz ausgereift zu sein, denn die Reichweiten sind stark begrenzt und die Aufladezeiten sind noch lang. Doch auch hier bin ich zuversichtlich, dass der technische Fortschritt Lösungen bieten kann. Jedoch ist zu beachten, dass der verbrauchte Strom aus alternativen, erneuerbaren Quellen stammen sollte, denn sonst wäre die Ökobilanz ebenfalls rückläufig.

Vielleicht sollte der Kraftstoffbedarf aber auch nicht nur aus einer einzigen Quelle gespeist werden, sondern aus mehreren Möglichkeiten. Mit Biokraftstoff betriebene Autos könnten dann neben Elektrofahrzeugen und noch weiteren Alternativen parallel eingesetzt werden; die nötigen Anbauflächen und damit verwickelten Probleme könnten sich dadurch verringern. Hybridautos, die mehrere Antriebsarten gleichzeitig nutzen, sind bereits erhältlich, doch weisen hohe Anschaffungskosten auf, was die meidten Autofahrer davon abhält, sie zu nutzen.

Zusammenfassend ist zu sagen, dass Biokraftstoff, so wie er aktuell verfügbar ist, keine endgültige Lösung der Energieproblematiken ist. Er hat zwar einige Vorteile, doch noch sind die Nachteile zu gravierend, um sie akzeptieren zu können. Sowohl die Herstellung des Biokraftstoffs an sich als auch die Umrüstung und Wartung der Fahrzeuge sind so teuer, dass der Verbraucher bislang andere Optionen wählt. Der Markt scheint schlicht noch nicht bereit zu sein.

Auch der konventionelle Anbau der Energiepflanzen und die damit einhergehenden Umweltbelastungen sind klare Kontraindikatoren. Ökologische Probleme werden nur verschoben statt gelöst; die guten Absichten der Klimarettung werden zur Farce.

Selbst weltpolitisch kann Biosprit keine Linderung verschaffen. Dort, wo Kriege heute um Ölvorkommen geführt werden, könnten sie morgen um Anbauflächen geführt werden, um Beteiligungen am Gewinn, um Entschädigung wegen fehlender Einnahmen durch den Ausstieg der Abnehmerstaaten aus dem Ölgeschäft.

Biokraftstoffe sind keine zufriedenstellende Lösung. Wir brauchen entweder weitere Alternativen, oder aber ein radikales Umdenken bei den Verbrauchern selbst. Sollten die Veränderungen im Denken und im Umgang mit der Natur aber weiterhin so stockend vorangehen wie bisher, sehe ich keine Hoffnung auf eine baldige Besserung.

Quellenverzeichnis

Geitman, S.:Erneuerbare Energien & Alternative Kraftstoffe, Mit neuer Energie in die Zukunft, 2. Auflage, Kremmen, 2005.

Munack, Axel; Krahl, Jürgen; Schröder, Olaf; Bünger, Jürgen: Potentials of Biofuel, in: Proceedings of the XVIIth World Congress of CIGR "Sustainable Development through Engineering, Québec 2010.

Meyers Lexikonverlag: Ethanol, 2007, o.O.

Reinhardt, G., Rettenmaier, N., Gärnter, S., Pastowski, A.: Regenwald für Biodiesel? Ökologische Auswirkungen der energetischen Nutzung von Palmöl. Frankfurt a. M.: WWF Deutschland, 2007.

Internetquellen

Pressemitteilung der Union zur Förderung von Öl- und Proteinpflanzen: 70 Jahre Biodiesel, in: http://www.lifepr.de/pressemitteilung/ufop-union-zur-foerderung-von-oel-und-proteinpflanzen-ev/70-Jahre-Biodiesel/boxid/14613. 28.01.2013.

ADAC: Biodiesel- die aktuelle Situation, in: http://www.adac.de/infotestrat/tanken-kraftstoffe-und-antrieb/alternative-kraftstoffe/biodiesel. Zugriff am 28.01.2013..

Ahrens, Ralph: Biokraftstoffe sind weltweit ein Hit, in: http://www.vdi-nachrichten.com/artikel/Biokraftstoffe-sind-weltweit-ein-Hit/54837. 28.01.2013.